AF285322

ConnectDoor –

Zugang zur Fünften Dimension

Die Erde im Bann der Mondmatrix

Bernd Laudenbach
Elisabeth Müller

Bibliografische Information der Deutschen Nationalbibliothek.
Die Deutsche Nationalbibliothek verzeichnet diese Publikation
in der Deutschen Nationalbibliografie, detaillierte bibliografische Daten sind im Internet über http://dnb.dnb.de abrufbar.

Herstellung und Verlag

BoD – Books on Demand, Norderstedt

ISBN 9783751932158

Diese Informationen sind für Menschen,

- die bereit sind, Eigenverantwortung für Gesundheit, Fühlen, Denken und Handeln zu übernehmen,
- die Verbindungen zu inneren Realitäten und inneren Ursprüngen ihres Selbst hervorrufen möchten,
- die an Maßnahmen gegen die Versklavung des menschlichen Bewusstseins interessiert sind,
- die neugierig darauf sind, Unbekanntes für sich bekannt zu machen,
- die für sich selbst entscheiden wollen, welche Optionen für sie von Vorteil sind.

Inhaltsverzeichnis

Vorwort	9
Cen-Tooh der Therapeut	11
Adieu Mondromantik	15
Die Funktion der Schuhmann-Frequenz	16
Die Erde steckt im 3D-Hologramm fest	18
Künstliche Projektion (Hologramm) von Dingen	20
Herzstück der Matrix - die Mond-Interferenz	22
Die Mond-Matrix wird schwächer	23
Haarp und 5G-Mobilfunksender	25
Freier Wille - Kontrolle durch Mondmatrix ausschalten	28
Raus aus dem Elektrosmog	31
Mobilfunksender-Firewall per Kleinhirn	33
Frequenzmanipulationen	35
Was ist Cobimax?	41
Ursprungssprache	45
Cobimax-Bilder mit Wirkung	46
COBIMAX-aktiviertes Bild	49
COBIMAX-aktiviertes Bild	51
COBIMAX-aktiviertes Bild	53
COBIMAX-aktiviertes Bild	55
COBIMAX-aktiviertes Bild	57
Zaubern lernen	59
Die Autoren	63
Weitere Taschenbücher	65
Kontaktdaten	67

Vorwort

In jungen Jahren schaute ich gerne Raumschiff Enterprise und wollte auch „gebeamt" werden. So unmöglich fand ich das gar nicht. Genauso wie ich als Kind das Christkind aus dem Küchenfenster sah. Mister Spocks Klarheit kam mir dann wieder beim Lesen von „Herr der Ringe" bei den Elbenbeschreibungen, in den Sinn. Mister Spock kommt als Technokrat rüber und die Elben gelten als glänzend und lichtvoll, gemeinsam haben sie, dass sie nicht in emotionaler Dreidimensionalität leben.

2004 faszinierte der Film „What the Bleep do we know", auch weil diese Aussagen mit der Communikations-Biologischen Matrix COBIMAX angewendet werden und funktionieren. Der Film „The Bleep" („What the Bleep do we know") stellt ein Modell unserer Realitätsbildung vor, in dem alles möglich ist.

So wird unter anderen Steward Hameroff vorgestellt, der mit interessanten Fragen aufwartet. Der Stoff, mit dem sich der amerikanische Wissenschaftler seit Jahren auseinander setzt, ist das Protein Tubulin und was daraus erwächst, nämlich Mikrotubuli. Befasst man sich näher mit der Mikrotubuli-Hypothese Hameroffs, mutet es doch ziemlich unglaublich an. Dass Hameroffs Gedankengänge jedoch mit der Realität absolut parallel laufen, beweist COBIMAX.

Auch Bleep-Beiträge der amerikanischen Forscherin Candace B. Pert sind hervorzuheben, wie auch das von ihr verfasste Buch mit dem deutschen Titel „Moleküle der Gefühle" (engl.: Molecules of Emotion). Ihre einzigartigen Erkenntnisse über die Zusammenhänge von Gefühlen und deren Auswirkungen auf unseren Zellstoffwechsel sind durch die Anwendung dynamischer Intelligenz effizient umzusetzen.

Von was wir schon immer abgelenkt werden, ist die Manipulation unseres Bewusstseins durch Frequenzen wie Mobilfunk, Rundfunk, Satelliten, usw. Auch bekannt unter Mindcontrol, was als Science Fiction oder Humbug bezeichnet wird. Dies klappt auch bestens, weil wir wenig über unsere Körper- und Gehirnfunktionen wissen und es nicht sichtbar ist.

In diesem Buch gehen wir auf Frequenzmanipulationen durch den Mond-Satelliten und Mobil-Funksender ein, was sich mehr als Science Fiction anhört, jedoch gemäß unseren Abfragen unsere Realität sehr wohl beeinflusst.

Cen-Tooh, der Therapeut

Dies ist nun mein 13. Taschenbuch aus der ConnectDoor-Reihe. Wer mich noch nicht kennt: Ich heiße Cen-Tooh und bin der zaubernde Therapeut mit der dicken Knollennase aus meinem Universum auf www.connectdoor.de.

In meinen Taschenbüchern gehe ich die verschiedensten Themen an, um so den Menschen zu zeigen, wie wir mit Disharmonien, Krankheiten, Symptomen und anderen Störfaktoren in meinem Universum umgehen und diese zum Verschwinden bringen. Wer meine Bücher genau liest, wird sehr schnell erkennen, dass es viele Sätze darin gibt, die als „Abfrage" in meinem Universum auch bereits die Korrektur enthalten. Nur ein Druck auf meine Nase im entsprechenden Level und schon erarbeitet das Unterbewusstsein zielgerichtet die gewünschte Korrektur.

Aus meiner Sicht lebt ihr in einer Matrix und es ist nun an der Zeit, diesen Schleier zu lüften. Diese Matrix sorgt mit ihren Kontrollmechanismen auf dem Mond dafür, dass ihr in eurem Leben immer das gleiche tut und untergräbt eure natürliche angeborene Schöpferkraft. Die Matrix verwirrt eure Gedanken und bewirkt, dass ihr keine neuen Gedanken und Gefühle erlebt. Alles was ihr nicht sehen könnt, betrachtet ihr als nichtexistent und beharrt mit großem Eifer auf eurer Dreidimensionalität, weil es euch so beigebracht wird. Zusammen mit meiner Kollegin Swaruu von den Plejaden habe ich für euch dieses Buch bereitgestellt, das euch von der Matrix befreien kann.

Es sei hier darauf hingewiesen, dass auf der Erde diese Methode für den medizinischen Laien weder Arzt noch Heilpraktiker ersetzt, und dass sie niemals zum Absetzen von Medikamenten auffordert.

Adieu Mondromantik

Vor einiger Zeit bin ich auf eine Information von Swaruu gestoßen, worin sie erklärt, dass der Mond ein künstlicher Satellit ist und wir Menschen auf der Erde darüber kontrolliert und in einer Matrix gehalten werden. Interessant fand ich, dass u.a. mit den Mond-Reaktoren-Frequenzen die Lichteinstrahlungen auf die Erde gemindert werden, um uns in der 3-dimensionalen Matrix zu behalten, weil wir natürlicherweise 5-dimensional sind.

Die Ausführung von Swaruu über den Mond leuchtete mir ein, weshalb ich dies an COBIMAX-Initiator Bernd weiter leitete. Als Resultat haben wir ein sehr effektives cobimaximiertes „Mondschatten"-Programm (Abfragen an das Kleinhirn), das uns ermöglicht die Frequenz-Manipulationen zu stoppen und unser Sein neu zu bestimmen.

Ich denke, dass durch die Reaktoren auf dem Mond die Frequenzmanipulationen bei Vollmond stärker auf uns wirken und gleichzeitig über Mobilfunksender unsere körperlichen Schwächen und Schmerzen verstärkt werden.

Wenn uns über Jahrhunderte der Mond als natürlicher Satellit vorgestellt wird, obwohl er ein künstlicher Satellit ist und er dafür benutzt wird, uns Menschen auf der Erde sozusagen in Quarantäne zu halten, ist das ernüchternd. Es deckt aber auch viele Konstrukte auf, die nur funktionieren, solange wir es glauben und akzeptieren. Wenn wir dies nicht mehr tun, fällt es wie ein Kartenhaus in sich zusammen.

Die Funktion der Schuhmann-Frequenz

Nun folgen wir den Erklärungen von Swaruu über die Mondmatrix. Die Mondmatrix ist wie eine erste Möglichkeit, in das menschliche Bewusstsein einzugreifen: Ein Projektor von Frequenzen, der bestimmte destruktive Frequenzen übermittelt, damit „auslöschende Interferenzen" bewirkend, die den Wahrnehmungsbereich des Menschen einschränken.

Wenn man in der Wellenmechanik von einer auslöschenden oder destruktiven Interferenz spricht, bezieht man sich auf eine Überlagerung von zwei oder mehreren Wellen gleicher oder ähnlicher Frequenz (oder Wellenlängen), die im destruktiven Fall ein neues Wellenmuster mit geringerer Intensitätsamplitude in einem Punkt namens „Knoten" erzeugen.

Wenn man eine Realität hat, die auf einer Frequenz von sagen wir 15 Megahertz beruht und eine absichtliche destruktive Frequenz von -7,2 Megahertz überlagert, erhält man eine Realität, die auf die Wahrnehmung von bis zu 7,8 Megahertz beschränkt ist und nicht auf die anfänglichen 15 Megahertz. Diese Frequenz, in der die 3D-Realität funktioniert, ist nichts anderes als die Schumann-Resonanz.

Durch die Benutzung dieses Prinzips der destruktiven Frequenzen wird vom Mond aus eine Frequenz übertragen, die die Wahrnehmung auf einen bestimmten [Frequenz-] Bereich beschränkt. Dies bedeutet aber nicht, dass der Rest der nicht wahrgenommenen Realität nicht existiert. Sie ist noch immer da. Es ist einzig nur so, dass man sie nicht wahrnehmen kann.

Ohne den Mond gäbe es keine Matrix. Alles würde automatisch zu 5D werden oder zur Basis- oder Durchschnittsfrequenz des gesamten Universums, genannt Materie.

So einfach ist es. Diese Frequenz, in der die 3D-Realität funktioniert, ist nichts anderes als die Schumann-Resonanz.

Durch die Benutzung dieses ganz einfachen Prinzips der destruktiven Frequenzen wird vom Mond aus eine Frequenz übertragen, die die Wahrnehmung auf einen bestimmten Frequenz-Bereich beschränkt.

Die Erde steckt im 3D-Hologramm fest

Dies ist also *Punkt 1*: „Frequenzmanipulation nach dem Prinzip der destruktiven Interferenz, zusammen mit dem Prinzip der totalen (toroidalen) Umhüllung der Frequenz-Schwingung".

Der Energie-Torus, der die Erde umgibt und die Frequenz steuert und begrenzt, welche auf dem Planeten wahrgenommen werden kann, ist der Van-Allen-Gürtel. Es ist der Van-Allen-Gürtel, der vom Mond aus gesteuert wird, um diesen begrenzenden Effekt für unsere Wahrnehmung zu erzeugen.

Man kann als Beschreibung das Bild eines Korkens im Wasser verwenden: die Erde und ihre Frequenzen sind wie ein Korken im Wasser. Der Mond und seine Begrenzer sind diejenigen, die den Korken unter Wasser halten, und es braucht eine konstante und starke Energie, um ihn so zu halten. Die Erde hat, wie der Korken im Wasser, die starke Tendenz an die Oberfläche nach oben zu kommen. Die Erde will in 5D sein, denn das ist ihre Eigenfrequenz.

In 3D ist sie als Organismus von ihresgleichen getrennt. Sie kämpft darum, aus diesem energetischen Kokon des Van-Allen-Gürtels herauszukommen, aus der Begrenzung durch die künstliche Raumstation namens Mond.

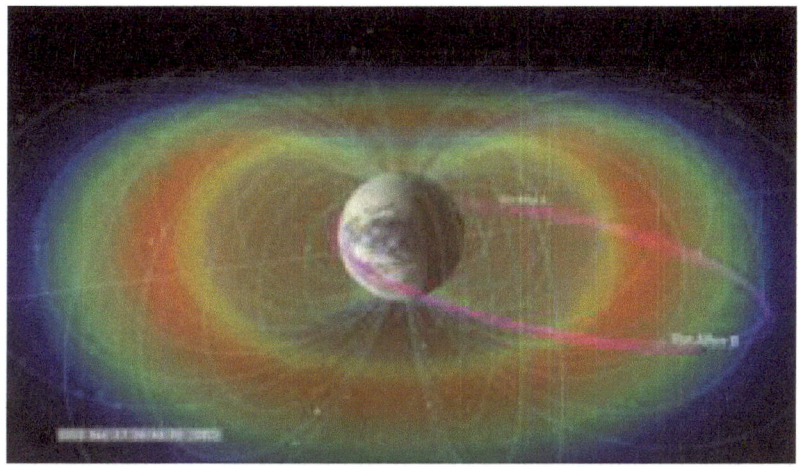

Bild: Erde im Van-Allen-Gürtel

Künstliche Projektion (Hologramm) von Dingen, die nicht wirklich existieren

Nachdem bestimmte Frequenzen durch das Verfahren der destruktiven Interferenz (Punkt 1) unterdrückt wurden, projiziert der Mond ein Hologramm, das Bilder auf der Erdoberfläche überlagert. Diese Bilder werden vom Computer auf dem Mond erzeugt und lesen buchstäblich, was er zu erschaffen, zu entfernen oder zu modifizieren hat, indem er den Geist des menschlichen Kollektivs und insbesondere von jedem Einzelnen liest.

Alles außerhalb der Erde ist 5D und ist echt. Es ist, als wäre die Erde ein Aquarium, und deren Bewohner sind die Fische. Sie verlassen das Aquarium nicht, aber sie können durch das Glas sehen, den Van-Allen-Gürtel, der sie vom Rest des Raumes getrennt hält, in dem sich das Aquarium befindet. Der Raum, in dem sich das Aquarium befindet, wäre 5D, die Standard-Dichte, und das Aquarium ist 3D. Punkt 2 also betrifft die „Überlagerung durch nicht-echte Bilder".

Dafür das klarste Beispiel ist das Hologramm, das den Mond selbst schützt, der nicht die Form oder Oberfläche mit Erde und Steinen hat, wie wir das von uns aus zu sehen bekommen, sondern eine weiche technologische Kugel ist mit einem offensichtlichen künstlichen Aussehen.

Herzstück der Matrix - die Mond-Interferenz

Dies ist das Herzstück der Matrix. Die beiden anderen Punkte sind nur die Unterstützung dieses dritten Punktes. Die beiden anderen Punkte reichen nicht aus, um die Matrix selbst zu erzeugen. Sie sind nur das Medium, in dem sich die reale Matrix entfaltet.

Es ist wie die Leinwand eines Gemäldes, und jetzt kommen das Bild und der kreative Teil, der die Matrix erzeugt. Der Mond überträgt sehr lokalisierte spezifische Frequenzen, die die Rezeptoren – das sind hier die Menschen innerhalb der Matrix – beeinflussen und leiten und die Gedanken, die sie haben, begrenzen und lenken. Dies geschieht in jüngerer Zeit durch Frequenzkontrolle und durch direkte Interventionen, hauptsächlich telepathisch durch kontrollierende Wesen. Dies erzeugt, verbunden mit der mentalen Kontrolle, genau die Erfahrung, die wir die Matrix selbst nennen. Aber das bedeutet, dass jede Person innerhalb der Matrix, ob sie es nun weiß und wahrnimmt oder speziell, wenn sie das nicht tut, per Definition die Matrix selbst ist.

Das Mondmatrix-System wird schwächer

Von ursprünglich 12 Reaktoren auf dem Mondsatellit arbeiten nur noch 4 ihrer Reaktoren. Es ist ein sehr altes System, es ist 12.500 Jahre alt. Es wird versagen, und das ganz im Gegensatz zu dem, was sich die kontrollierenden Wesen, die von der Matrix profitieren, wünschen.

Die Mondkontrolle der Matrix steht seit 2008 unter der positiven Kontrolle der Föderation. Aber man kann die Matrix nicht sofort abbauen oder abschalten, denn das würde für die Bevölkerung schwerwiegende Folgen haben, wie beispielsweise die Verletzung des freien Willens jener Menschen, die damit einverstanden sind, diese Erfahrung hier zu machen. Darüber hinaus würde die unmittelbare Abschaltung des Systems zu weiteren Folgen wie mehr Leid für die Bevölkerung führen. Denn der Übergang von 3D zu 5D bringt ein enormes existentielles Problem mit sich, und die überwiegende Mehrheit der Menschen innerhalb der Matrix ist weder bereit noch willig so etwas wie den Aufstieg von der 3D- zur 5D-Wahrnehmung vorzunehmen, obwohl es auch mit der Öffnung des Bewusstseins und dem Erwerb größerer Fähigkeiten zum Erkennen der umfassenden, sie umgebenden Realität führen wird.

Was die Situation für die Kabale, die von der Matrix profitiert, und auch für die Menschen, die mit der Matrix einverstanden sind, die Situation verschlimmert, ist, dass das Galaktische Zentrum Stoßwellen in Form von positronischen Stürmen aussendet. Diese kommen in Wellen und jedes Mal, wenn das passiert, nimmt die Gesamtfrequenz auf der Erde zu, und ebenso wie in der gesamten Region, in der sich dieses Sonnensystem – unter vielen anderen – befindet.

Mit jeder positronischen Wellenfrequenz steigt die Frequenz an, sinkt dann aber nach dem Sturm wieder ab, bleibt dann jedoch immer höher als vor dem Sturm. Dies führt unweigerlich dazu, dass sich die Frequenz der 3D-Matrix auflöst, unabhängig davon, ob sie es wünschen oder nicht, und ohne dass ein Eingriff erforderlich ist.

HAARP und 5G-Mobilfunksender

Da die Mondmatrix schnell abschwächt, implementieren die kontrollierende Wesen Maßnahmen um die Matrix zu festigen, damit sie länger hält und sie die Kontrolle nicht verlieren. Diese Methoden arbeiten nach dem gleichen Prinzip wie die destruktiven Mond-Satelliten-Frequenzen, also nach dem Prinzip der destruktiven Interferenz. Diese Methoden sind:

1. Implementierung von Besprühungen durch Chemtrails mit Substanzen und Metallen, die das Auftreffen von energetischen Wellen auf die Erdoberfläche begrenzen und sie so weit wie möglich von den Sonnenstrahlen isolieren. Die Sonne ist wie eine Sendeantenne für die vom Galaktischen Zentrum kommenden Frequenzen. Diese Frequenzen werden von der Sonne aufgenommen, kopiert, verstärkt und mit größerer Intensität wieder weitergegeben.

2. Die Implementierung von HAARP-Programmen, indem Signale und zerstörerische Frequenzen an die Ionosphäre gesendet werden, um die von der Erde absorbierten positiven Frequenzen zu neutralisieren.

3. Eine zusätzliche Möglichkeit, mit der die kontrollierenden Wesen der Auflösung der Matrix entgegenzuwirken versuchen, ist die Implementierung von Sendern, die als Mikro-HAARP- oder Gwen-Technologie bekannt sind, d.h. die Übertragung der gleichen Frequenzen nach dem Prinzip der destruktiven Interferenz, die von HAARP verwendet wird, aber mit Antennen in Bevölkerungszentren geschieht. Hierfür werden Mobilfunk- und Mikrowellen-Übertragungssysteme eingesetzt.

4. Die Übertragungen von Signalen mit destruktiven Frequenzen werden auch von den Handys empfangen, die ein aktiver Teil des gleichen Systems sind, und fast jedes Mitglied der Bevölkerung ist davon betroffen. Die von den Mobilfunksystemen übertragenen Mikrowellen sind perfekt auf die fortgeschrittenen Amplituden- oder Hochfrequenz-Gehirnwellen des menschlichen Geistes abgestimmt, was seinen Umfang und seine weitere Entwicklung begrenzt.

5. Dazu zählen auch die Verwendung von Mikrowellenherden, Radarsystemen und dergleichen, sowie die Frequenzen von elektrischen Energiezählern, die als „Smart Meters" („intelligente Zähler") bezeichnet werden. Hinzuzurechnen sind zudem jede Vorrichtung, die den Namen oder das Wort „intelligent" in ihrer Beschreibung enthält, einschließlich Internet-WLAN-Systemen.

All dies dient dazu, zusammen mit den elektromagnetischen Wellen, wie sie vom Mond übertragen werden, das schwächer werdende Matrixsystem zu stützen oder zu verstärken. Dazu gehört auch die Verwendung von Mobiltelefonen mit Hilfe von Gwen-Türmen.

Diese Technologien sind in der Lage, eine bestimmte Gruppe von Individuen zu lokalisieren und sogar eine einzelne Person zu lokalisieren und zu beeinflussen. Dies beinhaltet die invasive Implantation von kontrollierten Denkmustern, um Schmerzen oder geistige Verwirrung zu verursachen. Es gilt besonders auch für Proteste und große Konzentrationen von Menschen, um deren Verhalten zu kontrollieren.

Freier Wille - Kontrolle durch Mondmatrix ausschalten

Unsere cobimaximierten Abfragen bestätigen, dass die Beschreibung von Swaruu über die Mondmatrix stimmt. Es ist unser freier Wille zu entscheiden, uns aus der kontrollierenden Mondmatrix schneller hinauszubewegen. Wir können mit unserem Gehirn und entsprechenden Gedanken viel mehr als uns vorgegaukelt wird. Sobald wir mit der Communikations-Biologischen Matrix arbeiten, wird unser Kleinhirn und Unterbewusstsein aktiviert. Über dieses Kleinhirn fragen wir die Beeinflussung unserer Epiphyse (Zirbeldrüse), Hypophyse usw. durch die Mondmatrix-Reaktoren ab. Zeigen sich körperliche oder emotionale Reaktionen, ist das die Antwort vom Kleinhirn, was gleichzeitig eine Optimierung im Seins-Zustand bedeutet.

Um die schädlichen Einwirkungen der Mondmatrix auf unser Bewusstsein zu stoppen, wurde mittels cobimaximierter Abfragen auch der Aufbau von Firewalls über das Gehirn ermittelt. Das heißt, wir brauchen kein Hilfsmittel, sondern tragen den Mondmatrix-Schutz immer in unserem Gehirn und sind diesbezüglich nicht mehr zu beeinflussen.

Wendet man diese cobimaximierten „Mondmatrix"-Themenabfragen über ein paar Wochen täglich an, funktionieren zudem unser viertes und fünftes Siegel (Chakras) wie auch die Epiphyse und Hypophyse viel besser. Als Resultat beginnen wir in der 5. Dimension zu denken und handeln, was ohne die Mondmatrix-Beeinflussung ganz natürlich ist.

Wie lange es noch dauert, bis die Mondmatrix abgeschaltet ist, wissen wir nicht. Es kann für viele ein Schock sein, weil wir es noch nicht gewohnt sind vier – oder fünfdimensional zu leben. Wir sind mitten im Geschehen und man weiß nicht mehr, was richtig und falsch ist. Die eigene Welt steht Kopf. Bisherige Gewohnheiten und Paradigmen werden sinnlos und irgendwie ist es nicht mehr klar, was mit sich selber anzufangen ist. Was ist freier Wille und wie geht man damit um?

Für die einen Menschen ist diese langersehnte Freiheit wundervoll und für die anderen eher ein Trauma. Das hängt von der eigenen Konditionierung ab und worüber der Lebenssinn definiert ist. Mit den cobimaximierten Mondschatten-Abfragen bauen wir eine Brücke von der gewohnten 3. dimensionalen Lebensweise in die 5. Dimension, damit wir mit der neuen Lebensführung besser klar werden. Wir gehen sozusagen in die Schule, wo der Lehrer unser Kleinhirn ist. So wie wir laufen, sprechen, hören und sehen lernten, lernen wir unsere Gedanken und Gefühle bewusster zu steuern und auch anders wahrzunehmen. Es kann auch als Vorbereitung für das, was kommt, betrachtet werden.

Wer diesen Bewusstwerdungs-Weg gehen will, melde sich in Deutschland bei Bernd Laudenbach unter cobimax.com.

Zustand der Erde

Wir Menschen leben auf der Erde, sind es jedoch nicht gewohnt, die Erde als Lebewesen wie wir selber wahrzunehmen und machen uns wenig Gedanken wie es der Erde geht.

Seit den 60er Jahren werden nukleare Tests gemacht. Nicht nur der Mensch, sondern auch die Erde leidet darunter. Aus dieser Sicht wurden alleine mit den Atomtests, Atombomben (Hiroshima) sowie den bekannten Reaktorkatastrophen Tschernobyl und Fukushima der Erde sehr große Wunden verpasst.

Dasselbe gilt für die Verwendung von jeglichem Gift in der Landwirtschaft und in der Industrie. Angesichts dieser Zustände ist es verständlich, dass die Erde von diesem 3D-Hologramm genug hat und wir sollten ihrem freien Willen folgen.

Zum besseren Verständnis widmen wir das erste cobimaximierte Bild dem Zustand der Erde. Es ermöglicht in sich selber wahrzunehmen, welche Schmerzen und Krankheiten Terra/Erde hat, um so die Verantwortung gegenüber ihrem Zustand zu erkennen.

Raus aus dem Elektrosmog

Der deftige Ausbau der 5G-Mobilfunksender macht gemäß den Erklärungen von Swaruu nun eindeutig mehr Sinn. Aber auch vor deren Beeinflussung können wir uns entziehen. Ausgehend davon, dass Gedanken unsere Realität erschaffen, können Mobilfunksender unsere Denkmuster beeinflussen.

Ich konnte drei Tage lang meinen rechten Arm nicht mehr heben und es schmerzte. Einige Cobimax-Abfragen brachten zwar Erleichterung, aber nicht ganz. Dann erinnerte ich mich an die 5G-Elektrosmog-Abfrage: „Durch Gwen-Turm Funksender invasiv implantierte Denkmuster verursachte Achsel-Schulter-Ellenbogen-Schmerzen", mit dem Resultat, dass meine Schmerzen und Bewegungseinschränkung nach 20 Min. komplett weg waren. Ich war darüber sehr verblüfft und verstand vor allem Swaruus Erklärungen besser.

Zuvor kam ich nicht auf die Idee, Strahlungsfrequenzen in Kombination mit Denkmuster abzufragen. Aber das ist der springende Punkt. Je nach Schmerz gilt es, die Krankheit oder den Schmerz präzise zu benennen.

Bild: Hologramm-Beispiel

Wir werden stetig in unseren Gedanken beeinflusst, ohne dass wir es wahrnehmen. Wir haben Konditionierungen, Meinungen, Einstellungen, Gefühle und genau darüber wird mittels unterschiedlicher Funk- und Strahlungsfrequenzen Einfluss genommen.

Sobald wir verstehen, dass unser Gehirn mit Hologrammen arbeitet, wird es verständlicher, dass Denkmuster eingescannt werden können, die größere Wirkungen auf unser Verhalten und unsere Handlungen haben, als wir meinen. Und Denkmuster sind Hologramme, die auch Krankheiten oder Schmerz verursachen. Die Achsel-Schmerzen kamen wie angerührt aus dem Nichts. Meist wenn etwas plötzlich kommt, weist das auf Frequenzmanipulationen hin. Da wir uns dessen nicht bewusst sind, können wir wenig dagegen tun. Mit cobimaximierten Abfragen jedoch schon.

Mobilfunksender-Firewall per Kleinhirn

Wir erarbeiteten spezielle cobimaximierte Abfragen, um gedankliche Implantate zu eliminieren und damit auch Schmerzen oder Krankheiten, unter denen Menschen leiden. Diese Abfragen sind darauf ausgerichtet, die schädlichen körperlichen Auswirkungen durch das 5G-Mobilfunk-System (HAARP, Gwen-Technolgie) zu reduzieren.

Es ist ein Cobimax-Update für die aktuelle Hochtechnologie, die als Waffe gegen die zivile Bevölkerung und das Bewusstsein eingesetzt wird. Insbesondere korrigieren wir die Auswirkungen durch Gwen-Turm-Technologie, Mikrowellenstrahlungen und Smart-Meters-Frequenzen. Außerdem bieten wir spezielle cobimaximierte Abfragethemen wie optischer, biotechnischer und akustischer Elektrosmog.

Und damit wir uns nicht andauernd um diesen Schutz kümmern müssen, erschaffen wir über das Kleinhirn mittels der Communikations-Biologischen-Matrix eine unabhängige Firewall vor 4G- und 5G-Mobilfunksendern. Damit wird ein Schutz vor nichtionisierender Strahlung und Mobilfunksender aufgebaut, der über das eigene Kleinhirn jederzeit und überall seinen Dienst tut.

Weitere cobimaximierte Elektrosmogabfragen

Die Berieselung durch GPS, WLAN, RFID, Funk- und Mobiltelefone und deren Sender ist immens, deren wir uns nicht entziehen können. Schleichend resultieren dadurch Befindlichkeitsstörungen wie Müdigkeit, Stress oder Schlaflosigkeit, usw. und man findet die Gründe dafür meist lange nicht. Von der Hitze, Kälte oder auch sonstigen Strapazen können wir uns jeweils erholen. Die Elektrosmogberieselung ist jedoch stetig und wo wir uns auch befinden, sind nichtionisierende Strahlungen omnipräsent. COBIMAX bietet für schädliche Elektrosmog-Einflüsse wirkungsvolle Korrekturen an, womit sich der Körper innerhalb weniger Tagen erholt. Nutzt hierzu die Erkenntnisse von Cen-Tooh unter

http://www.connectdoor.de/mein-universum/Elektrosmog/30

Frequenzmanipulationen

Frequenzmanipulationen können eine Vielzahl von Krankheiten verstärken oder auch auslösen, wo man nicht mal auf die Idee kommt.

Für alle, die sich noch nie mit Frequenzen auseinandergesetzt haben, empfehlen wir auf connectdoor.de unter „Freie Themenwahl" die untenstehenden Eingaben.

Eingabevorschläge zu Frequenz-Manipulationen:

1. Müdigkeitssyndrom (CFIDS) aufgrund künstlich stimulierter Gamma-Impulse
2. Mikrowellenkrankheit
3. Löschung aller bisherigen Implantierungen aufgrund Subliminals in meinem Gehirn.
4. Frequenzsignale
5. Von außen kommende Beeinflussungen, die chem. Reaktionen in meinem Gehirn auslösen.
6. Korrektur der Wirkung, ausgehend von dem mysteriösen Brummsignal (SGI).
7. Teddybär-Signal-Frequenzen
8. Immunität gegenüber bewusstseinsverändernden Frequenzsignalen
9. Path. Manipulationen hervorgerufen durch den biophysikalischen Verstärker „Miranda"

10. Unerklärliche elektromagnetische Frequenzen in meinem Umfeld

11.Einspeisung von geklonten Emotionen „Emotionsclustern"

12. Pathologisiertes Sehzentrum im Okzipitallappen des Großhirns

13. Pathologisierte Sehrindenfeld Zellfunktionsfähigkeit

14. Pathologisierte Höreindrücke im Temporallappen

15. Pathologisierte Verarbeitung der Tast- und Gefühlseindrücke im Parietallappen

16. Freischaltung aller meiner freien Frequenzfenster, die einer Manipulation unterliegen

17. Pathologische Veränderungen aufgrund aller Handy-Frequenzen

18. Aufhebung jeglicher bewusstseinstrübender Wellen

19. Löschung von belastenden Bewusstseinsinhalten

Chemtrails

Noch ein Wort zu den Chemtrails. Konkret nahmen wir die Chemtrails ab dem Jahr 1997 am Himmel wahr. Das gleißende stark blendende Licht war und ist weiterhin unangenehm. Das damit versprühte Aluminium und auch Schwermetalle belasten den Boden und sinken in das Grundwasser. Sobald wir durch das Trinkwasser Aluminium in Kombination mit Fluoriden aufnehmen, beeinträchtigt das unser Gehirn und kann Demenz und Alzheimer fördern.

Hierzu können folgende Abfragen helfen.

Fluorablagerungen durch das Trinkwasser in meinen Stirnhöhlen, Siebbeinhöhlen, Nasennebenhöhlen und Kieferhöhlen

Über die Inhalte der Chemtrails gibt es seitenweise Auflistungen. Man sollte sich jedoch nicht zu stark hineinsteigern. Erfahrungsgemäß korrigieren diese Chemtrails-Abfragen effizient:

Aluminium

Bariumsalz
Chemische Emissionen durch Chemtrails
Biologische Emissionen durch Chemtrails
Mikroben – Emissionen durch Chemtrails
Emotionale Emissionen durch Chemtrails
Pathologische emotionale Veränderungen durch Chemtrails
Pathologische Veränderungen durch Chemtrails

Was ist COBIMAX?

Die „Communikations- Biologische Matrix", kurz „COBIMAX", wurde von Bernd Laudenbach im Jahr 1998 entwickelt. Es handelt sich hierbei um ein Kommunikations- und Therapieverfahren, das es ermöglicht, eine große Vielfalt an körperlichen sowie emotionalen Erkrankungen anzugehen. Ohne Hypnose, ohne Meditation, ohne maschinelle Hilfsmittel. Hier ist ein Weg zur Selbsthilfe und Selbstheilung offen. Denn genau so will COBIMAX verstanden werden: Das Wissen über die Krankheitsursache aus dem eigenen Kopf des Menschen, die heilende Kraft aus dem eigenen Körper, genau das ist der Schlüssel zum Erfolg dieser Therapie.
Seit 2005 wird COBIMAX auch in Lehrgängen weitergegeben, zur Eigenanwendung oder zur Anwendung in der therapeutischen Praxis.

COBIMAX® macht's möglich!

Bernd Laudenbach, COBIMAX-Initiator, und zwei andere COBIMAX-Ausgebildete steckten ihre Köpfe zusammen und fingen an, der Vision von einer anderen Dimension Gestalt zu geben. Heraus kam www.connectdoor.de, der Zugang zum Universum von Cen-Tooh, dem kleinen Zauberer mit der dicken Knollennase. Zu ihm kommen Besucher aus zahlreichen Universen, um Rat für die verschiedensten Probleme zu holen.
Bernd Laudenbach hat Cen-Tooh zum Leben erweckt und nun kann jeder Besucher direkt Cen-Tooh's „Zauberkräfte" in Anspruch nehmen. Hiermit hat nun auch jeder Mensch die Option, völlig eigenständig seine Anliegen zu bearbeiten.

Fassen wir zusammen:
COBIMAX (Communikations-Biologische Matrix) ist also ein Kommunikations- und Therapieverfahren, das es ermöglicht, bei Mensch, Tier und Pflanze eine große Bandbreite unterschiedlichster „Krankheiten" auf körperlicher und emotionaler Ebene anzugehen.

Es funktioniert ohne maschinelle Hilfsmittel oder computer-gestützte Programme und richtet sich an die individuellen körperlichen und emotionalen Ebenen.
Es erkennt jegliche Fehlfunktionen und aktiviert umgehend die Selbstheilungskräfte.

Es ist ein mentales Verfahren, das den Anwender/ Therapeuten befähigt, mit Hilfe seines Kleinhirnbewusstseins Zugang zum autonomen Nervensystem des Patienten zu bekommen. Dieses Kommunikationswerkzeug reduziert alle Sprachen der Welt auf ihre elementare Funktion: die Erzeugung von Bildern (Hologrammen) durch das Gehirn.

Nach Ansichten der Quantenphysik (Roger Penrose, Stuart Hameroff) reproduziert sich unser biologischer Körper in etwa 42-mal pro Sekunde. Diese Reproduktion ermöglicht dieser Methode den Zugriff zur Schnittstelle innere/äußere Realität, um Verbesserungsvorschläge in Form von Hologrammen über das Unterbewusstsein des Kleinhirns einzuspeisen.

Wie unterschiedliche Gehirnteile "Zeit" völlig verschieden wahrnehmen und entsprechend verarbeiten, wie ein in unserem Kleinhirn sitzendes Bewusstsein anscheinend Wunder wirkt und wie sich all das praktisch anfühlt, wird nicht nur erklärt, sondern der Mensch erfährt und erlebt es direkt.

Durch COBIMAX können u.a. destruktive Gedankenmuster und Emotionen identifiziert, lokalisiert und reguliert werden. Hieraus kann der Anwender direkte Zusammenhänge erkennen, die eine lückenlose Beweisführung zulassen, inwieweit ein destruktives Gefühl die Zellelektrizität, die Zellchemie und die Zellfunktion nachteilig verändert.

Entgegen herkömmlicher wissenschaftlicher Erkenntnis kann mittels COBIMAX das autonome Nervensystem willentlich gesteuert werden.

Das Hauptwerkzeug von COBIMAX sind kleinste Zellbestandteile (Mikrotubuli) im Körper, die die Fähigkeit besitzen, in jeder Geschwindigkeit und Stärke zu schwingen. Gerade dieses Zellschwingen ermöglicht es, unterschiedliche Vorgänge in den Organen bis in die Zelle hinein zu kontrollieren. So wird dadurch beispielsweise ein Eliminieren von Mikroben erreicht sowie ein Wieder-Ordnen von emotional verursachten Zellfehlfunktionen ermöglicht.

Haargenau das gleiche Vorgehen (Wissen) praktizieren Naturvölker wie die Aborigines schon seit Jahrtausenden.

COBIMAX verbindet den Anwender mit dem grenzenlosen inneren Wissen, zu dem jeder Mensch Zugang erhält, sobald er mit dynamischer Intelligenz verbunden ist. Dieser bewusstseinserweiternde Zustand führt zu einer Zeitbeschleunigung, und daher kann der Einzelne sofort Einfluss auf Zell- und Organfunktionen nehmen.

Das bedeutet, dass jede Person, die eine körperliche und/oder geistige Veränderung herbeiführen möchte, dies durch COBIMAX erreichen kann. Vorausgesetzt, es handelt sich dabei - im biologischen Sinne - um eine Verbesserung.

COBIMAX fördert in höchstem Maße die physische und psychische Autonomie des Menschen.

Lernt die vielfältigen Einsatzmöglichkeiten Eures dynamischen Bewusstseins kennen!

Ursprungssprache

 Bernd Laudenbach suchte seit seinem 9. Lebensjahr nach einer vereinheitlichenden Sprache, die alle Menschen sprechen. Gibt es eine Sprache, die vollkommen ohne Verbalik auskommt?

Jahre später lag er nachts schlafend in seinem Bett. Im Traum, der ihm äußerst real erschien, schwebte er an der Zimmerdecke und sah sich neben seiner Frau liegend. Sein erster Gedanke war, so sieht es aus, wenn man stirbt. Im nächsten Moment fühlte er sich wie von einem Gummiband durch einen beleuchteten Tunnel gezogen und fiel auf Wüstensand. Zwei Aborigines kamen auf ihn zu, blickten ihm tief in die Augen und zeichneten mit feinen Stöckchen Zeichen auf seine Beine. Blut tropfte in den Sand.

Kurz darauf wurde er wieder durch diesen Tunnel zurück in seinen Körper gezogen, was mit lauten Geräuschen verbunden war. Er wachte auf und blutete aus Ohren und Nase.

Dies geschah insgesamt drei Mal in fünf aufeinander folgenden Nächten.

Erst eineinhalb Jahre später begriff er, was diese Zeichen bedeuten: Es war die von ihm gesuchte Kommunikation, die alle Lebewesen verstehen.

Herausgefunden hatte er in seiner eigenen Forschungsarbeit, wie diese Kommunikation funktioniert, wie diese anzuwenden ist und baute daraus seine Kommunikations- und Therapieform COBIMAX auf.

COBIMAX-Bilder mit Wirkung

Die in den Bildern erkennbaren Zeichen entsprechen keiner bekannten Schrift oder Verbalsprache. Gleichwohl stehen diese Zeichen aber für die Übermittlung und Verarbeitung von Daten aus einer optionalen potenten Zukunft des Bildbetrachters. Dem Wachbewusstsein völlig unverständlich, richtet sich der Inhalt dieser Schriftzüge einzig und allein an das im Kleinhirn agierende Unterbewusstsein.

Dieses Unterbewusstsein sieht uns selbst, also den Bildbetrachter, als seine Vergangenheit an. Die Arbeitsfrequenz dieses Unterbewusstseins liegt im Bereich der Ultraviolettlicht-Frequenzen, die gleiche Frequenz, in der die Schriftzüge der dynamisch intelligenten Bilder agieren. Somit eröffnet sich mit diesen kommunikativen Bildern die Möglichkeit, unseren Körper wie gleichsam unsere Emotionen durch die Kontaktaufnahme zum eigenen Unterbewusstsein konstruktiv zu beeinflussen.

Einerseits können wir das Bild mit unseren Augen betrachten und den Inhalt des Bildes visuell aufnehmen. Andererseits besteht die Möglichkeit, das Bild mit den Händen zu „sehen": Durch bloßes kurzes Betasten des Bildes übermittelt sich der an das Unterbewusstsein des Betrachters gerichtete Bildinhalt.

Diese Bilder durchbrechen kontrollierende Barrieren und psychische Begrenzungen, die das Wachbewusstsein aus Gründen von Angst und Unwissenheit errichtet hat. Vor vielen Jahrtausenden, als die Menschheit noch nicht der schlimmsten Krankheit, des Intellekts, erlag, war es jedem Menschen möglich, sich mit sich selbst und mit jedem anderen Menschen in dieser mächtigen Sprache zu unterhalten.

Die cobimaximierte „Sprache" ist die Kommunikationsform des Nichtangepassten und Nichtzivilisierten in uns selbst. Dieses Sprachsystem trägt in sich eine unterbewusste Form der

Selbstkontrolle darüber, was als Information zum Empfänger weitergeleitet und verarbeitet wird. Eine vorsätzliche oder ungewollte Manipulation zum Schaden des Bildbetrachters ist unmöglich. Jede Bildnachricht wird mit dem geringsten Energieaufwand, aber dem größten Nutzen für den Bildbetrachter durch den Bildbetrachter selbst erarbeitet.

Die Bilder zeigen die Ursprungssprache von COBIMAX mit unterschiedlichen Themen und den mitunter schädigenden Einfluss auf unsere Gesundheit, die beim Betrachter körperliche Reaktionen auslösen können. Diese Reaktionen beinhalten aber auch gleichzeitige Korrekturmaßnahmen.

So einzigartig und individuell jeder Betrachter ist, können je nach Problemen vielfältige Reaktionen auftreten. Angefangen bei starker Müdigkeit bis hin zu mehrminütigem Tiefschlaf, häufiges und tiefes Gähnen, Ameisenkribbeln bis völlige Taubheitsgefühle einzelner Gliedmaßen, Blähgefühle im Bauchbereich, Wärme, Kälte, Schwindel, Kopfschmerzen, Migräne, völlige Schwere bis hin zum nicht mehr Anheben können einzelner Gliedmaßen. Organe können stark spürbar werden; Enge oder Kloßgefühl im Hals, ganze Wirbelsäulenabschnitte machen sich bemerkbar, deutliche Reaktionen im Herzbereich, Schwere und Enge in der Brust oder erschwertes Atmen bis Atemnot. Anvisierte Gefühle können in aller Deutlichkeit erlebt werden.

Die Skala der möglichen Reaktionen ist nach oben offen. Dies soll den Betrachter nicht erschrecken, sondern nur darauf hinweisen, dass Stärke und Lokalisation der eintreffenden Reaktionen nicht immer den Erwartungen des Wachbewusstseins entsprechen.

Bernd Laudenbach zeigt in diesem Buch einige Bilder-Themen in seiner Symbolsprache.
Das Betrachten geschieht auf eigene Verantwortung.

Ich nehme die Krankheiten und den Schmerz der Erde in mir wahr und erkenne meine Verantwortung gegenüber der Erde.

Dieses Bild ist aktiviert.

Bitte Reaktionen abwarten und ausklingen lassen.

Die Mondmatrix Strahlungswellen-Interferenzen werden korrigiert.

Dieses Bild ist aktiviert.

Bitte Reaktionen abwarten und ausklingen lassen.

**Der durch die Mondmatrix blockierte Zugang zur fünften
Dimension wird geöffnet.**

Dieses Bild ist aktiviert.

Bitte Reaktionen abwarten und ausklingen lassen.

**Mittels Mobilfunk-Technologie gesendete
Gedankenmuster (Hologramme) zur absichtlichen
Verwirrung werden aufgelöst.**

Dieses Bild ist aktiviert.

Bitte Reaktionen abwarten und ausklingen lassen.

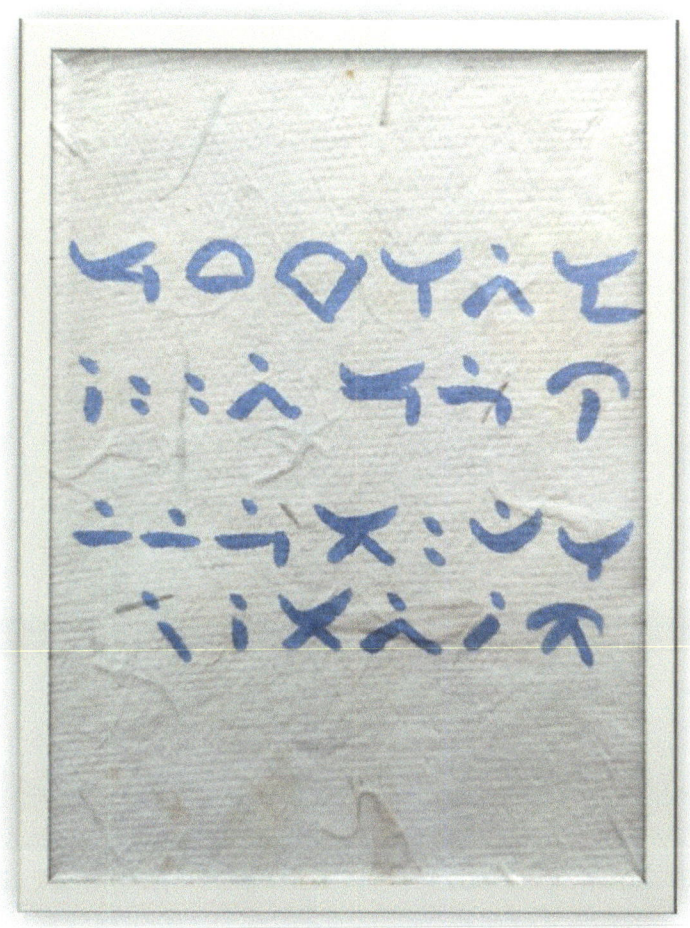

Mittels Mobilfunk-Technologie eingescannte und aktivierte Covid-19-Pandemie-Hologramme werden gelöscht.

Dieses Bild ist aktiviert.

Bitte Reaktionen abwarten und ausklingen lassen.

„Zaubern" lernen?

Bernd Laudenbach prüfte und hinterfragte konsequent den menschlichen Körper und die Psyche und erarbeitete so die Communikations-Biologische Matrix, kurz COBIMAX®.

Du willst selbst „zaubern" lernen?
Dann kannst Du das auf der Erde erlernen.

So mancher Leser mag unsere ConnectDoor-Büchlein als eine Werbemaßnahme sehen. Es ist uns aber viel mehr ein Anliegen, den Menschen zu vermitteln, dass jeder selbst alle Voraussetzungen in seinem Kopf hat, die er benötigt, um direkt und effektiv mit seinem Unterbewusstsein zu kommunizieren und Verbesserungen in seinem Leben zu erzielen. Das funktioniert aber nur, wenn die Gehirnverbindungen, die dazu nötig sind, wieder hergestellt werden.

So wie nicht jeder Mensch Arzt wird und eine Praxis eröffnet, so wird auch nicht jeder Mensch den Wunsch haben, ein COBIMAX-Anwender zu werden. Zumindest ist es aber wichtig, zu wissen, wo er Hilfe finden kann.

Bereits ausgebildete COBIMAX-Berater und COBIMAX-Therapeuten stehen Dir auch gerne zur Seite.
Kontaktdaten auf Anfrage.

Was es bedeutet, ein COBIMAX-Anwender zu sein

„Wir COBIMAX-Anwender müssen verstehen, dass wir durch den „cobimaximierten" Anschluss an unser Kleinhirn direkten Zugang zu einer höheren Instanz, dem Kleinhirnbewusstsein, haben.

Jeder Gedanke, der eine Korrekturabsicht beinhaltet und damit eine Verbesserung des biologischen Organismus unseres Gegenübers bedeutet, wird sofort von dessen Kleinhirnbewusstsein aufgegriffen und dieses lässt unter seiner Kontrolle einen Korrekturvorgang über die Mikrotubuli durchführen.

Eine vorsätzliche oder unbeabsichtigte Schädigung eines anderen Organismus ist mit dem COBIMAX-System nicht möglich, da ein höheres Bewusstsein, das absolut neutral ist, nämlich das Kleinhirnbewusstsein, entscheidet, ob eine COBIMAX-Eingabe durchgeführt wird oder nicht. Somit kann dem COBIMAX-Anwender auch kein Fehler unterlaufen.

Die Frage der Ethik taucht auch immer wieder auf. Jeder COBIMAX-Anwender muss auf seine eigenen ethischen Grundsätze zurückgreifen. Bei einem Hilfesuchenden ist es klar, dass wir auf dessen Wunsch zielgerichtet intervenieren können."

Wie wird man ein COBIMAX-Anwender?

Lehrgang zur autorisierten Nutzung von COBIMAX® mit COBIMAX-Initiierung durch Bernd Laudenbach

COBIMAX ist ein Geschenk der Natur, das jedem Menschen in die Wiege gelegt wird.
So besitzt also jeder Mensch von Geburt an die Fähigkeit durch Gedanken den Körper zu heilen. Sehr früh schon im Leben macht der Mensch unterschiedlichste Erfahrungen.
Da Menschen so konditioniert werden, jegliche Erfahrung emotional zu bewerten, sind es im Laufe des Erwachsenwerdens genau diese im Gehirn gespeicherten emotionalen Beurteilungen, die von der Fähigkeit, sich selbst zu heilen, wieder abtrennen.

COBIMAX baut die Verbindung zum alle Menschen umfassenden Kollektiv-Bewusstsein wieder auf: Dieses höhere Bewusstsein, das bei jedem Menschen im Kleinhirn sitzt, ist der tatsächliche HEILER, der bei allen „Cobimaximierungen" in Aktion tritt.

Der COBIMAX-Lehrgang befähigt den Absolventen zum permanenten Zugriff auf dynamische Intelligenz.
Die erreichte Bewusstseinserweiterung ermöglicht die direkte Einflussnahme auf das autonome Nervensystem, die Organsteuerung und Zellsteuerung eines jeden Menschen.
Gedankenprozesse werden ebenso konstruktiv optimiert.
Dem Lehrgangsabgänger öffnen sich mittels COBIMAX Wege, die ein forciertes Weiterentwickeln der eigenen Persönlichkeit, der Gesundheit und der Autonomie erleichtern.
Selbstverständlich kann der COBIMAX-Anwender dies auch für andere Menschen erreichen.

Der erfolgreiche Abschluss beschert jedem Teilnehmer äußerste Effizienz, indem Gehirnareale willentlich nutzbar gemacht werden, zu dem der Mensch bisher keinen direkten Zugang hatte. Er verbindet die Anwender mit grenzenlosem innerem Wissen und mit dem kollektiven menschlichen Bewusstsein.

**„So wie die Krankheit in unserem Körper steckt,
ist auch die Lösung in ihm enthalten."**

Bernd Laudenbach

Die Autoren

Bernd Laudenbach

(Jahrgang 1959), ist ursprünglich ausgebildeter Masseur und Sportphysiotherapeut.

Bereits während seiner Berufsausübung als Masseur suchte er nach Möglichkeiten, pathologische körperliche Veränderungen nachhaltig zu optimieren. Obwohl dies unmöglich schien, haben Bernd Laudenbachs Neugierde und Beharrlichkeit ihn dazu bewogen, bisherige Erkenntnisse und Annahmen, die den menschlichen Organismus und die Psyche betreffen, gründlich zu prüfen und konsequent zu hinterfragen.

Aufgrund der Erforschung des eigenen Körpers und der eigenen Psyche sowie einer stetigen Selbsthinterfragung hat Bernd Laudenbach darauf aufbauend die Communikations-Biologische Matrix COBIMAX erarbeitet.

Als er Anfang der neunziger Jahre mit den Versuchen zur Aktivierung seiner Selbstheilungskräfte begann, dachte er weder daran, andere Menschen einmal behandeln zu können, noch dieses Wissen bzw. das Werkzeug anderen Interessierten zur Therapieanwendung zur Verfügung zu stellen.

Seit 1999 behandelt er Tausende Hilfesuchende mit Erfolg und seit 2005 bildet er zusätzlich COBIMAX-Therapeutinnen und -Therapeuten aus.

COBIMAX ist eine ursprüngliche Kommunikationsform der Natur, die zielgerichtet Selbstheilungskräfte aktiviert und diese zu präzis gesteuerten Veränderungen im Körper nutzt.

Elisabeth Müller

Elisabeth Müller, Jg. 1962, ist PR-Fachfrau und Inhaberin einer Kleinagentur in Stäfa / Schweiz. Als sie Bernd Laudenbachs Kommunikations- und Therapiemethode kennenlernte, war sie von der Möglichkeit, mit dem Unterbewusstsein direkt zu kommunizieren und gleichzeitig körperliche Dinge heilen zu können, fasziniert. Nur schon weil dies Unabhängigkeit versprach, wollte sie dies auch machen können. Als im 2005 Bernd eine solche Ausbildung anbot, absolvierte sie den COBIMAX-Lehrgang und gründete die Schweizer COBIMAX-Vertretung.

.

Weitere Taschenbücher mit cobimaximierten Bildern:

ConnectDoor - Zugang zu einer anderen Dimension
Die Macht der Gefühle
ISBN 978-3-7357-8011-9

ConnectDoor - Zugang zur nächsten Dimension
Rund um Bakterien, Viren & Co.
ISBN 978-3-7347-3244-7

ConnectDoor - Zugang zu einer weiteren Dimension
Stress minimieren-Erfolg maximieren
ISBN 978-3-7347-7381-5

ConnectDoor - Zugang zu außergewöhnlichen Dimensionen :
Von geschmeidig über echt schräg zu voll krass
ISBN 978-3-7386-1740-5

ConnectDoor - Zugang zu meinem Humanarchitekten
Die große Liebe meines Lebens
ISBN 978-3-7412-0540-8

ConnectDoor - Zugang zum Geschenk der Natur
Einsatz bei Tier und Pflanze
ISBN 978-3-7528-3496-3

ConnectDoor - Zugang zum Geheimnis der Zahlen
Einfluss der Zahlen auf Denken, Fühlen und Handeln
ISBN 978-3-7448-2223-7

ConnectDoor - Zugang zu einer verzwickten Dimension
Liebe und Partnerschaft
ISBN 978-3-7481-8853-7

ConnectDoor - Zugang zu einer vergessenen Dimension
Essen hält Leib und Seele zusammen
ISBN 978-3-7494-5171-5

ConnectDoor - Zugang zu einer höheren Dimension
Wer ist ICH?
ISBN 978-3-7494-5393-1

ConnectDoor - Zugang zu einer magischen Dimension
Zaubersprüche für Jung und Alt
ISBN 978-3-7504-1039-8

ConnectDoor – Zugang zu unmöglichen Dimensionen
Telepathie – ungewollt!
ISBN 978-3-75197894-1

Kontaktdaten

Cen-Tooh, der Therapeut : www.connectdoor.de

COBIMAX, Bernd Laudenbach: www.cobimax.com
Frankurter Str. 43, 36391 Sinntal-Altengronau
Tel. 0049 (0)6665 918688
E-Mail: bernd.laudenbach@cobimax.com

Quellen-Nachweis:

Swaruu (Svaruu) ist eine ausserirdische junge Frau, die vom Planeten Erra (Stern Taygeta, Plejaden-Konstellation) kommt. Sie ist Wissenschaftlerin, Elite-Pilotin, Beraterin und Spezialistin für Zeitlinien sowie deren Anpassung.

Swaruus Intention, den Menschen auf der Erde so viele Informationen zu übermitteln, ist, dass sie die Erdbevölkerung beim Erwachen und beim Manifestieren der optimalen Zeitlinie, die die Befreiung der Erde und ihrer Bewohner beinhaltet, unterstützen will.

https://transinformation.net/der-mond-und-die-matrix-i/

https://transinformation.net/der-mond-und-die-matrix-ii/

https://transinformation.net/swaruu-eine-ausserirdische-frau-von-erra-taygeta-via-internet-in-kontakt-mit-mehreren-menschen-auf-der-erde/

Bilder:
Cen-Tooh: ©HitToon.com-Fotolia.com
Pixabay
Pexels